升级版
彩绘注音

脑筋急转弯

将计就计篇

21 二十一世纪出版社
21st Century Publishing House
全国百佳出版社

图书在版编目(CIP)数据

脑筋急转弯·将计就计篇/李燕编著. -南昌：二十一世纪出版社,2011. 2(2015. 4 重印)
ISBN 978-7-5391-6187-7

Ⅰ. ①脑… Ⅱ. ①李… Ⅲ. ①智力游戏-少年读物
Ⅳ. ①G898. 2

中国版权图书 CIP 数据核字(2010)第 248023 号

脑筋急转弯·将计就计篇 李燕/编著

责任编辑 闵 蓉
封面设计 段 芳
设计制作 北京知信阳光文化发展有限公司
出版发行 二十一世纪出版社(江西省南昌市子安路 75 号 330009)
www. 21cccc. com cc21@163. net
出 版 人 张秋林
经 销 全国各地新华书店
印 刷 深圳市福圣印刷有限公司
版 次 2011 年 2 月第 1 版 2015 年 4 月第 12 次印刷
开 本 880mm × 1230mm 1/32
印 张 5
书 号 ISBN 978-7-5391-6187-7
定 价 12. 00 元

赣版权登字-04-2010-337

超级智力快车即将出发……

脑筋急转弯是孩子们最爱玩的游戏，也是一种独具幽默的益智游戏。有人说，幽默的人生更精彩，快乐游戏的童年才是完整的童年。要让孩子们有一个没有缺憾、更加精彩的童年，就一起来打开这套《脑筋急转弯》益智游戏图书吧！

脑筋急转弯是源于古印度的一种益智游戏，它的题面很普通，却常常有一个令人意外的答案。解答这类游戏题目时，人们的惯性思维会失去效力，必须迅速转变思维方式，快速开辟出新思路，再次思考问题，才能破解题目，找出答案。找到答案时，相信读者们一定会忍俊不禁，会心一笑！

孩子是最单纯、最爱玩的，喜欢游戏是他们的天性，游戏方式无疑是他们最易接受的教育方式。阅读这本书，孩子的思维会穿越虚虚实实的空间，也许有时会塞车，想要顺畅起来，需要明确判断，及时转弯，才能顺利到达目的地。脑筋急转弯游戏能够突破固定思维模式，让孩子们转变思考方式，开发他们的超常思维能力，锻炼机智灵敏的大脑。

脑筋急转弯游戏不仅能够开发智力，激活脑细胞，让大脑得到锻炼，还能够提升想象力，活跃气氛，提高幽默感。为了有益于孩子们阅读，这套丛书精选健康积极的内容，采用明白晓畅的语言，配以精美的图画，同时希望孩子们在玩游戏的同时，能够培养积极、开朗、乐观、向上的性格特点。书中还穿插了丰富多彩的“十万个为什么”知识问答，小读者们在挑战游戏之余，还将获得额外的收获。

这套《脑筋急转弯》丛书共有8册，分别是：将计就计篇、足智多谋篇、异想天开篇、出奇制胜篇、神机妙算篇、岂有此理篇、目瞪口呆篇和诡计多端篇。

快快来吧！别让大脑犯懒，一起来做做智力体操，一起搭上这趟超级智力快车吧！

问题 QUESTION

yǒu rén shuō nǚ rén jiù xiàng yì
有人说，女人就像一
běn shū nà me pàng nǚ rén xiàng shén me
本书，那么胖女人像什么
shū ne
书呢？

十万个为什么

wèi shén me zhū ài gǒng ní tǔ
为什么猪爱拱泥土？

答案 ANSWER

xiàng hé dìng běn
像合订本。

ní tǔ zhōng yǒu zhū ài chī de gēn jīng hái yǒu tā men shēn tǐ bì xū de kuàng wù zhì zhū tōng guò gǒng ní tǔ lái huò qǔ zhè xiē shí wù
泥土中有猪爱吃的根茎，还有它们身体必需的矿物质，猪通过拱泥土来获取这些食物。

问题 QUESTION

nǐ zhī dào yòng shén me néng jiě kāi
你知道用什么能解开
suǒ yǒu de mí ma
所有的谜吗？

十万个为什么

wèi shén me shuō zhū hěn cōng míng
为什么说猪很聪明？

答案 ANSWER

mí dǐ
谜底。

zhū néng shàng tái biǎo yǎn tā de bí zi bǐ shī zi hé gǒu hái
猪能上台表演。它的鼻子比狮子和狗还
líng mǐn néng bāng zhù zhēn chá rén yuán xún zhǎo mái zài dì xià de dì léi
灵敏，能帮助侦察人员寻找埋在地下的地雷。

问题 QUESTION

shén me bǐ sài shì wǎng hòu tuì de
什么比赛是往后退的？

十万个为什么

gǒu zài luàn shí duī li pǎo wèi shén me bú huì shāng dào jiǎo
狗在乱石堆里跑为什么不会伤到脚？

答案 ANSWER

bá hé
拔河。

yīn wèi gǒu de jiǎo shang zhǎng zhe wǔ kuài yòu jiē shi yòu yǒu tán xìng
因为狗的脚上长着五块又结实又有弹性

de ròu diàn zi zhè kě yǐ fáng zhǐ tā de jiǎo bèi cì shāng guā shāng
的肉垫子，这可以防止它的脚被刺伤、刮伤。

问题 QUESTION

měi gè rén zài shuì jiào qián kěn
每个人在睡觉前，肯
dìng bú huì wàng jì de shì shì shén me ne
定不会忘记的事是什么呢？

十万个为什么

mǎ wèi shén me yǒu yì zhāng dà cháng liǎn
马为什么有一张大长脸？

答案 ANSWER

bì shàng yǎn jing
闭上眼睛。

mǎ de ěr duo hé yǎn jing zhǎng zài liǎn de dǐng duān dāng tā chī cǎo
马的耳朵和眼睛长在脸的顶端，当它吃草
shí bú yòng jīng cháng tái tóu jiù néng guān chá sì zhōu suǒ yǐ yì
时，不用经常抬头就能观察四周。所以，一
zhāng dà cháng liǎn shì hěn yǒu yòng chu de
张大长脸是很有用处的。

问题 QUESTION

yí wèi máng rén měi tiān wǎn shang chū
一位盲人每天晚上出
mén shí, dōu yào yòng shǒu diàn tǒng. wèi
门时，都要用手电筒。为
shén me ne
什么呢？

十万个为什么

wèi shén me yā zi huì fú zài shuǐ shàng
为什么鸭子会浮在水上？

答案 ANSWER

yīn wèi dǎ zhe shǒu diàn tǒng néng ràng
因为打着手电筒能让
bié ren kàn jiàn tā
别人看见他。

yā zi yòng zuǐ jiāng wěi bù pí zhī xiàn de yóu zhī tú mǒ zài yǔ máo
鸭子用嘴将尾部皮脂腺的油脂涂抹在羽毛
shang yǔ máo běn shēn yǒu kòng xì ér yǔ máo yǔ pí fū zhī jiān yě yǒu xǔ
上，羽毛本身有空隙，而羽毛与皮肤之间也有许
duō kòng xì zhè yàng jiù zài yǔ máo nèi bù bǎo liú le dà liàng kōng qì cóng
多空隙，这样就在羽毛内部保留了大量空气，从
ér shǐ yā zi fú zài shuǐ shàng
而使鸭子浮在水上。

问题 QUESTION

yǒu rén shuō chī yú kě yǐ bì miǎn
有人说吃鱼可以避免
jìn shì wèi shén me zhè me shuō ne
近视，为什么这么说呢？

十万个为什么

wèi shén me yīng wǔ hé bā ge néng xué rén shuō huà
为什么鹦鹉和八哥能学人说话？

答案 ANSWER

nán dào nǐ jiàn guò māo dài yǎn jìng
难道你见过猫戴眼镜

ma
吗?

yīn wèi yīng wǔ hé bā ge yǒu yí gè róu ruǎn jiān xì yòu duō ròu
因为鹦鹉和八哥有一个柔软、尖细又多肉

de shé tou dāng rén lèi fǎn fù jiāo tā men yì xiē jiǎn dān de huà yǔ shí
的舌头,当人类反复教它们一些简单的话语时,

tā men jiù néng mó fǎng chū lái
它们就能模仿出来。

问题 QUESTION

dāng gē lún bù de yì zhī jiǎo mài shàng
当哥伦布的一只脚迈上
xīn dà lù hòu, jǐn jiē zhe tā huì zuò shén
新大陆后，紧接着他会做什
me ne
么呢？

十万个为什么

fēi zhōu tū jiù de tóu wèi shén me shì tū de
非洲秃鹫的头为什么是秃的？

答案 ANSWER

mài lìng yì zhī jiǎo
迈另一只脚。

tū jiù jīng cháng bǎ tóu shēn jìn dòng wù de shī tǐ li chī fǔ ròu
秃鹫经常把头伸进动物的尸体里吃腐肉，
tóu shang méi yǒu máo jiù néng bì miǎn fǔ ròu zhān dào tóu jǐng shang duì bǎo
头上没有毛就能避免腐肉沾到头颈上，对保
chí qīng jié yǒu lì
持清洁有利。

问题 QUESTION

xiǎo dàn dan zhù zài wǔ lóu kě shì
小蛋蛋住在五楼，可是
diàn tī huài le tā zì jǐ yě méi yǒu
电梯坏了，他自己也没有
zǒu lóu tī què huí dào le wǔ lóu de
走楼梯，却回到了五楼的
jiā li tā shì zěn me huí qù de ne
家里。他是怎么回去的呢？

十万个为什么

kǒng què kāi píng fēi cháng piào liang kě tā wèi shén me
孔雀开屏非常漂亮，可它为什么
yǒu shí kāi yǒu shí bù kāi
有时开，有时不开？

答案 ANSWER

mā ma bēi tā huí qù de
妈妈背他回去的。

gōng kǒng què wèi le yǐn qǐ mǔ kǒng què de zhù yì huì dǎ kāi
公孔雀为了引起母孔雀的注意，会打开
měi lì de wěi ba lìng wài tā hái kě yǐ yòng wěi ba yǔ máo shang de
美丽的尾巴。另外，它还可以用尾巴羽毛上的
yǎn zhuàng tú àn lái xià hu bié de dòng wù
眼状图案来吓唬别的动物。

问题 QUESTION

měi lì de gōng zhǔ jié hūn yǐ hòu
美丽的公主结婚以后
jiù bú pà wén zi yǎo le, nǐ zhī dào
就不怕蚊子咬了，你知道
wèi shén me ma
为什么吗？

十万个为什么

dòng wù jiè zhōng shéi de pí fū zuì hòu
动物界中谁的皮肤最厚？

答案 ANSWER

yīn wèi tā jià gěi le qīng wā wáng
因为她嫁给了青蛙王

zǐ qīng wā chī wén zi
子（青蛙吃蚊子）。

xī niú dà xiàng dōu shì zhù míng de hòu pí dòng wù dàn yǔ hé
犀牛、大象都是著名的厚皮动物，但与河

mǎ xiāng bǐ hái yào chà yì xiē hé mǎ pí fū hòu dá èr shí duō lí
马相比还要差一些。河马皮肤厚达二十多厘

mǐ shì pí zuì hòu de dòng wù
米，是皮最厚的动物。

问题 QUESTION

yì zhī mǎ yǐ bù xiǎo xīn cóng fēi jī shang diào le xià lái méi luò dì jiù sǐ le nǐ zhī dào tā shì zěn me sǐ de ma

一只蚂蚁不小心从飞机上掉了下来，没落地就死了。你知道它是怎么死的吗？

十万个为什么

ào dà lì yà de kǎo lā wèi shén me bù hē shuǐ

澳大利亚的考拉为什么不喝水？

答案 ANSWER

yīn wèi piāo de tài jiǔ, mǎ yǐ è sǐ le
因为飘得太久，蚂蚁饿死了。

kǎo lā zhǐ chī ān shù yè, zhè zhǒng shù yè néng gòu tí gōng gěi kǎo lā zú gòu de shuǐ fèn
考拉只吃桉树叶，这种树叶能够提供给考拉足够的水分。

问题 QUESTION

自己没有生孩子，也没有领养孩子，却当上了娘。你知道这个人是谁吗？

十万个为什么

为什么说母狼是称职的好妈妈？

答案 ANSWER

xīn niáng
新娘。

yīn wèi mǔ láng duì láng bǎo bǎo fēi cháng ài hù tā men yí bù yě bù shě de lí kāi láng bǎo bǎo hái huì bǎ shí wù jiáo suì wèi gěi bǎo bǎo chī děng bǎo bǎo zhǎng dà diǎn hòu jiù nài xīn de jiāo tā men bǔ shí de běn lǐng

因为母狼对狼宝宝非常爱护。它们一步也不舍得离开狼宝宝，还会把食物嚼碎喂给宝宝吃，等宝宝长大点后，就耐心地教它们捕食的本领。

问题 QUESTION

wèi shén me mó gu zhǎng zài cháo shī
为什么蘑菇长在潮湿

de dì fang
的地方？

十万个为什么

wèi shén me dà xīng xing ài chuí dǎ xiōng pú
为什么大猩猩爱捶打胸脯？

与生俱来的优势!

答案 ANSWER

yīn wèi mó gu zhǎng de xiàng sǎn
因为蘑菇长得像伞。

měi dāng dà xīngxing pīn mìng chuí dǎ xiōng pú dà kǒu dà kǒu de chuǎn
每当大猩猩拼命捶打胸脯、大口大口地喘

qì shí wǎngwǎng shì zài xiàng tā de duì shǒu xiǎn shì zì jǐ de yǒng měng
气时，往往是在向它的对手显示自己的勇猛。

问题 QUESTION

xiǎo měi miàn cháo nán zhàn zhe xiù
小美面朝南站着，秀
lì miàn cháo běi zhàn zhe tā men bù zhǔn
丽面朝北站着，她们不准
huí tóu bù zhǔn zǒu dòng bù zhǔn zhào jìng
回头，不准走动，不准照镜
zi hái néng kàn dào duì fāng de liǎn ma
子，还能看到对方的脸吗？

十万个为什么

luò tuo wèi shén me tè bié nài kě
骆驼为什么特别耐渴？

答案 ANSWER

dāng rán néng zhǐ yào tā men shì
当然能，只要她们是
miàn duì miàn de zhàn zhe jiù néng kàn dào
面对面地站着，就能看到
bǐ cǐ de liǎn la
彼此的脸啦！

luò tuo tǐ nèi de xì bāo néng xī shōu dà liàng shuǐ fèn luò tuo de
骆驼体内的细胞能吸收大量水分；骆驼的
hàn xiàn bù fā dá shuǐ fèn bú yì sàn shī suǒ yǐ luò tuo kě yǐ jǐ
汗腺不发达，水分不易散失，所以骆驼可以几
gè xīng qī bù yǐn shuǐ
个星期不饮水。

问题 QUESTION

shén me dōng xi rén men měi tiān bù
什么东西人们每天不
tíng de xī, què yǒng yuǎn xī bu gòu?
停地吸，却永远吸不够？

十万个为什么

bì hǔ yù dào wēi xiǎn, wèi shén me huì diū diào wěi ba?
壁虎遇到危险，为什么会丢掉尾巴？

答案 ANSWER

kōng qì
空气。

bì hǔ de wěi ba shì kě yǐ zài shēng de dāng tā yù dào wēi
壁虎的尾巴是可以再生的。当它遇到危
xiǎn huì liú xià wěi ba xī yǐn dí rén de zhù yì lì rán hòu xùn sù
险，会留下尾巴，吸引敌人的注意力，然后迅速
táo pǎo
逃跑。

问题 QUESTION

nǐ zhī dào shén me rén shēng bìng cóng lái bú kàn yī shēng ma
你知道什么人生病从来不看医生吗？

十万个为什么

wèi shén me wō niú néng zài fēng lì de dāo rèn shang pá xíng
为什么蜗牛能在锋利的刀刃上爬行？

答案 ANSWER

xiā zi
瞎子。

wō niú shì kào fù zú pá xíng de，fù zú qián miàn yǒu xiàn tǐ，néng fēn mì yì zhǒng nián yè，nián yè biàn bù zú miàn，néng gòu bǎo hù zú miàn bú shòu shāng hài，zhè yàng wō niú dāng rán kě yǐ zài dāo rèn shang pá xíng le。

蜗牛是靠腹足爬行的，腹足前面有腺体，能分泌一种黏液，黏液遍布足面，能够保护足面不受伤害，这样蜗牛当然可以在刀刃上爬行了。

问题 QUESTION

shén me dōng xi yuè shēng qì tā
什么东西越生气，它

jiù yuè dà
就越大？

十万个为什么

cāng ying wèi shén me néng gòu tíng liú zài chuí zhí ér yòu guāng
苍蝇为什么能够停留在垂直而又光

huá de bō li shang bìng qiě bú huì diào xià lái
滑的玻璃上，并且不会掉下来？

答案 ANSWER

pí qi
脾气。

cāng ying de zhuǎ dǐ bù yǒu zhuǎ diàn pán tā men bèi yì pái róng
苍蝇的爪底部有爪垫盘，它们被一排茸
máo zhē zhù le zhè xiē zhuǎ diàn pán biàn yú cāng ying xī fù zài guāng huá
毛遮住了。这些爪垫盘便于苍蝇吸附在光滑
de bō lí shang ér róng máo jiān chù yě huì fēn mì chū yǒu nián fù lì de
的玻璃上，而茸毛尖处也会分泌出有黏附力的
yè tǐ
液体。

问题 QUESTION

jí pǔ chē zài yòu zhuǎn wān shí
吉普车在右转弯时，

nǎ ge lún tāi bú zhuàn ne
哪个轮胎不转呢？

十万个为什么

wèi shén me xī shuài tè bié hào dòu
为什么蟋蟀特别好斗？

答案 ANSWER

bèi yòng tāi
备用胎。

xī shuài xǐ huan dú jū xìng qíng gū pì píng shí jué bù hé tóng
蟋蟀喜欢独居，性情孤僻，平时决不和同
lèi zhù zài yì qǐ suǒ yǐ rú guǒ bú shì wèi le jiāo pèi tā men
类住在一起。所以，如果不是为了交配，它们
xiāng yù zǒng yào dà dǎ yì chǎng
相遇总要大打一场。

问题 QUESTION

měi duì fū qī zài shēng huó zhōng dōu
每对夫妻在生活中都
yǒu yí gè jué duì de xiāng tóng diǎn,
有一个绝对的相同点，
nǐ zhī dào shì shén me ma?
你知道是什么吗？

十万个为什么

qiū yǐn yǒu méi yǒu yǎn jing
蚯蚓有没有眼睛？

答案 ANSWER

tóng nián tóng yuè tóng rì jié hūn
同年、同月、同日结婚。

yóu yú qiū yǐn cháng qī shēng huó zài dì xià tā de tóu bù yǐ jīng
由于蚯蚓长期生活在地下，它的头部已经
tuì huà le suǒ yǐ tā shì méi yǒu zhǎng yǎn jing de zhǔ yào kào zuǐ ba
退化了，所以它是没有长眼睛的，主要靠嘴巴
lái qǔ shí hé wā tǔ dǎ dòng
来取食和挖土打洞。

问题 QUESTION

yí gè táo fàn wēi xié huà zhuāng shī bāng tā huà zhuāng, huà zhuāng shī bāng tā huà hǎo hòu, bié ren zài yě rèn bu chū tā shì táo fàn。dàn wèi shén me tā yì chū lái, hái shì bèi jǐng chá zhuā zǒu le?

一个逃犯威胁化妆师帮他化妆，化妆师帮他化好后，别人再也认不出他是逃犯。但为什么他一出来，还是被警察抓走了？

十万个为什么

chǔ yú dōng mián zhōng de qīng wā, zěn me cái néng zhī dào chūn tiān lái le?

处于冬眠中的青蛙，怎么才能知道春天来了？

答案 ANSWER

huà zhuāng shī bǎ tā huà chéng le
化妆师把他化成了
lìng yí gè tōng jī fàn de mú yàng
另一个通缉犯的模样。

chūn tiān dào lái shí dì xià de wēn dù shēng gāo qīng wā gǎn dào
春天到来时，地下的温度升高，青蛙感到
hún shēn fā rè biàn huì sū xǐng guò lái
浑身发热，便会苏醒过来。

问题 QUESTION

zài shén me qíng kuàng xià kāi kǒu shuō huà yào fù qián ne
在什么情况下开口说话要付钱呢？

十万个为什么

yú er wèi shén me xǐ huan chéng qún jié duì de yóu dòng
鱼儿为什么喜欢 成群结队地游动？

答案 ANSWER

zài dǎ diàn huà de shí hou
在打电话的时候。

yīn wèi qián miàn de yú er yóu dòng shí huì dài dòng shēn hòu de shuǐ liú liú dòng zhè yàng hòu miàn de yú er jiù kě yǐ shùn zhe shuǐ liú xiàng qián kě yǐ shěng qù bù shǎo lì qi
因为前面的鱼儿游动时会带动身后的水流流动，这样后面的鱼儿就可以顺着水流向前，可以省去不少力气。

问题 QUESTION

nán lái běi wǎng de liǎng gè rén yí
南来北往的两个人，一
gè tiāo zhe dàn zi yí gè bēi zhe bāo
个挑着担子，一个背着包，
tā men méi zhēng méi chǎo yě méi ràng lù
他们没争没吵，也没让路，
jiù guò le dú mù qiáo nǐ zhī dào wèi
就过了独木桥。你知道为
shén me ma
什么吗？

十万个为什么

rén lèi lí kāi zhí wù néng shēng cún ma
人类离开植物能 生 存吗？

答案 ANSWER

yīn wèi nán lái běi wǎng shì tóng yí
因为南来北往是同一
gè fāng xiàng dōu shì wǎng běi zǒu dāng
个方向，都是往北走，当
rán bú yòng zhēng chǎo le
然不用争吵了。

dāng rán bù néng rú guǒ méi yǒu zhí wù shì fàng chū yǎng qì rén
当然不能。如果没有植物释放出氧气，人
lèi jiù huì quē yǎng ér sǐ
类就会缺氧而死。

问题 QUESTION

nǐ zhī dào gài lóu yào cóng dì jǐ
你知道盖楼要从第几
céng kāi shǐ gài ma
层开始盖吗？

十万个为什么

zhí wù shòu shāng le wèi shén me bù liú xiě
植物受 伤了为什么不流血？

答案 ANSWER

cóng dì jī kāi shǐ
从地基开始。

zhí wù tǐ nèi bù hán hóng sè sù suǒ yǐ tā men de zhī yè bìng
植物体内不含红色素，所以它们的汁液并
bú shì hóng sè de dāng rán liú bu chū hóng sè de xiě lái
不是红色的，当然流不出红色的“血”来。

问题 QUESTION

yì tóu niú mài shí wàn yuán, sān tóu niú de jià gé wèi shén me zhǎng dào liù shí wàn yuán?

一头牛卖十万元，三头牛的价格为什么涨到六十万元？

十万个为什么

wèi shén me gāo shān shang de zhí wù kàn qǐ lái sè cǎi tè bié měi?

为什么高山上的植物看起来色彩特别美？

答案 ANSWER

zhǎng le sān gè tóu de niú tài hǎn
长了三个头的牛太罕

jiàn dāng rán jià gé gāo
见，当然价格高。

nà shì yīn wèi dì shì yuè gāo zǐ wài xiàn jiù yuè qiáng ér zhí
那是因为地势越高，紫外线就越强，而植

wù dà liàng xī shōu le zǐ wài xiàn hòu huì biàn de xuàn lì duō cǎi
物大量吸收了紫外线后，会变得绚丽多彩。

问题 QUESTION

yí wèi gāo sēng yǔ yí gè tú fū
一位高僧与一个屠夫
tóng shí qù shì， kě shì tú fū què bǐ gāo
同时去世，可是屠夫却比高
sēng xiān shēng tiān le。 zhè shì shén me
僧先升天了。这是什么
yuán yīn ne
原因呢？

十万个为什么

wèi shén me róng shù yòu jiào “bù sǐ shù”
为什么榕树又叫“不死树”？

答案 ANSWER

bú shì yǒu jù huà jiào fàng xià
不是有句话叫“放下

tú dāo lì dì chéng fó ma
屠刀立地成佛”吗？

róng shù yǒu wú shù qì gēn xuán guà zài bàn kōng zhōng de xī shōu
榕树有无数气根，悬挂在半空中的，吸收

kōng qì zhōng de shuǐ fèn xià chuí dào dì bìng rù tǔ de xī shōu tǔ rǎng
空气中的水分；下垂到地并入土的，吸收土壤

lǐ de shuǐ fèn hé yǎng liào yīn cǐ fán róng mào shèng shòu mìng cháng
里的水分和养料，因此繁荣茂盛，寿命长，

bèi chēng wéi bù sǐ shù
被称为“不死树”。

问题 QUESTION

yǒu yí kuài tiān rán de dà lǐ shí
有一块天然的大理石，
zài jiǔ yuè jiǔ hào zhè yì tiān bǎ tā
在九月九号这一天，把它
rēng dào qián táng jiāng li huì yǒu shén me
扔到钱塘江里，会有什么
xiàn xiàng fā shēng ne
现象发生呢？

十万个为什么

wèi shén me yào zài tiě shù shang dìng tiě dīng zi
为什么要在铁树上钉铁钉子？

答案 ANSWER

dà lǐ shí huì chén dào jiāng dǐ
大理石会沉到江底。

tiě shì zhí wù tǐ nèi bù kě quē shǎo de wù zhì tiě shù duì tiě
铁是植物体内不可缺少的物质。铁树对铁
de xū qiú liàng gèng dà rú guǒ zài tiě shù shang dìng tiě dīng zi kě yǐ
的需求量更大，如果在铁树上钉铁钉子，可以
shǐ tā zhǎng de gèng hǎo
使它长得更好。

问题 QUESTION

半夜回到家时，你发现忘记带钥匙了，家里又没有人在，这时你最大的愿望是什么？

十万个为什么

椰树和别的树种最大的不同是什么？

答案 ANSWER

zǒu shí wàng jì suǒ mén le
走时忘记锁门了!

yē shù shù gàn zhǐ huì zhǎng gāo zhǎng cū bù zhǎng zhī gèng bù fēn chà
椰树树干只会长高长粗,不长枝更不分杈。

问题 QUESTION

dù fǔ rú guǒ hái huó zhe de huà
杜甫如果还活着的话，
shì jiè jiāng huì yǒu shén me bù tóng ne
世界将会有什么不同呢？

十万个为什么

wèi shén me jiǔ cài kě yǐ yí zài shōu gē
为什么韭菜可以一再收割？

答案 ANSWER

shì jiè shang jiāng huì duō yí gè rén
世界上 将会多一个人。

jiǔ cài shì yì zhǒng duō nián shēng cǎo běn zhí wù tā zài dì xià
韭菜是一种多年生草本植物，它在地下
zhǎng zhe bù míng xiǎn de lín jīng chǔ cún zhe xǔ duō yíng yǎng wù zhì
长着不明显的鳞茎，储存着许多营养物质，
kě yǐ ràng jiǔ cài shēng zhǎng hěn duō nián
可以让韭菜生长很多年。

问题 QUESTION

háng chuán de biān shang guà zhe ruǎn tī, lí hǎi miàn liǎng mǐ, hǎi shuǐ měi xiǎo shí shàng zhǎng bàn mǐ, nà hǎi shuǐ jǐ gè xiǎo shí néng yān mò ruǎn tī ne?

航船的边上挂着软梯，离海面两米，海水每小时上涨半米，那海水几个小时能淹没软梯呢？

十万个为什么

wèi shén me shuì lián yào "shuì jiào"?

为什么睡莲要"睡觉"？

答案 ANSWER

bù guǎn guò jǐ gè xiǎo shí hǎi shuǐ dōu bú huì yān mò ruǎn tī yīn wèi shuǐ zhǎng chuán gāo

不管过几个小时，海水都不会淹没软梯，因为水涨船高。

shuì lián shuì jiào hé tài yáng guāng yǒu guān zǎo chen tài yáng zhào yào zhe shuì lián huā er jiù huì kāi fàng bàng wǎn tài yáng xià shān huā er jiù màn màn de bì hé

睡莲睡觉和太阳光有关。早晨，太阳照耀着睡莲，花儿就会开放；傍晚太阳下山，花儿就慢慢地闭合。

问题 QUESTION

chén kǎi wǎn shang kàn wén yì biǎo yǎn
陈凯晚上看文艺表演
shí yǒu yí gè yǎn yuán zǒng shì bèi duì guān
时，有一个演员总是背对观
zhòng nǐ zhī dào shì shén me yuán yīn ma
众。你知道是什么原因吗？

十万个为什么

wèi shén me yǒu de huā huì biàn sè
为什么有的花会变色？

答案 ANSWER

yīn wèi tā shì yuè duì de zhǐ huī
因为他是乐队的指挥。

yīn wèi huā zhōng suǒ hán de huā qīng sù huì suí zhe wēn dù hé
因为花中所含的花青素会随着温度和
suān jiǎn dù de biàn huà ér biàn huà suǒ yǐ yán sè yě jiù huì gēn zhe
酸碱度的变化而变化，所以颜色也就会跟着
gǎi biàn
改变。

问题 QUESTION

shén me dōng xi pàng de kuài shòu de gèng kuài ne
什么东西胖得快，瘦得更快呢？

十万个为什么

wèi shén me tài yáng néng rè shuǐ qì néng bǎ shuǐ biàn rè
为什么太阳能热水器能把水变热？

答案 ANSWER

qì qiú
气球。

tài yáng néng rè shuǐ qì de shuǐ xiāng cǎi yòng gé rè cái liào zhì chéng
太阳能热水器的水箱采用隔热材料制成，
tài yáng guāng shè jìn xiāng nèi jiù biàn chéng le rè néng bìng jiāng rè chuán dì
太阳光射进箱内就变成了热能，并将热传递
gěi liáng shuǐ suǒ yǐ shuǐ jiù biàn rè le
给凉水，所以水就变热了。

问题 QUESTION

xià yǔ tiān bàn gōng shì dào chù lòu yǔ, què méi yǒu rén bèi lín shī, wèi shén me ne?

下雨天办公室到处漏雨，却没有人被淋湿，为什么呢？

十万个为什么

wèi shén me táng zài rè shuǐ zhōng huì róng jiě de gèng kuài?

为什么糖在热水中会溶解得更快？

答案 ANSWER

yīn wèi méi yǒu rén lái shàng bān
因为没有人来上班。

táng néng róng jiě yú shuǐ zhōng shuǐ wēn yuè gāo táng nèi bù de
糖能溶解于水中。水温越高，糖内部的
fēn zǐ yùn dòng jiù yuè kuài suǒ yǐ tā de róng jiě sù dù jiù jiā kuài le
分子运动就越快，所以它的溶解速度就加快了。

问题 QUESTION

yǒu yì zhǒng yào, yào diàn mǎi bu dào, què hěn róng yì chī dào。nǐ zhī dào shì shén me yào ma?

有一种药，药店买不到，却很容易吃到。你知道是什么药吗？

十万个为什么

fēng zheng wèi shén me néng fēi shàng tiān

风筝为什么能飞上天？

答案 ANSWER

hòu huǐ yào
后悔药。

yīn wèi fēng zheng yǒu jiào kuān de chì bǎng zài kōng zhōng yā lì
因为风筝有较宽的翅膀，在空中压力

xiǎo jiā shàng rén fàng fēng zheng huì yì biān lā xiàn yì biān pǎo suǒ yǐ fēng
小，加上人放风筝会一边拉线一边跑，所以风

zheng jiù néng gāo gāo de fēi qǐ lái le
筝就能高高地飞起来了。

问题 QUESTION

shí yàn shì li fàng zhe yì zhǎn jiǔ
实验室里放着一盏酒
jīng dēng hé yì zhī là zhú cāo zuò shí
精灯和一支蜡烛，操作时，
nǐ huì xiān diǎn rán nǎ yí yàng ne
你会先点燃哪一样呢？

十万个为什么

wèi shén me yàn huǒ zài kōng zhōng néng zhàn fàng chū wǔ yán
为什么焰火在空中能绽放出五颜
liù sè de guāng máng
六色的光芒？

答案 ANSWER

huǒ chái
火柴。

zhè shì yīn wèi yàn huǒ li hán yǒu gè zhǒng jīn shǔ yán lèi zhè xiē
这是因为焰火里含有各种金属盐类，这些
chéng fèn zài gāo wēn xià huì fàng shè chū bù tóng yán sè de guāng máng
成分在高温下，会放射出不同颜色的光芒。

问题 QUESTION

nǐ yòng zuǒ shǒu xiě zì hái shi yòng
你用左手写字还是用
yòu shǒu xiě zì
右手写字？

十万个为什么

wèi shén me gōng zuò zhuàng tài zhōng de bīng xiāng wài ké què
为什么工作状态中的冰箱外壳却
shì rè hū hū de
是热乎乎的？

答案 ANSWER

yòng bǐ xiě zì
用笔写字。

yóu yú bīng xiāng hòu miàn yǒu gè sàn rè qì bīng xiāng li de rè kōng qì yào cóng nà lǐ sàn fā chū lái suǒ yǐ bīng xiāng wài ké zǒng shì rè hū hū de
由于冰箱后面有个散热器，冰箱里的热空气要从那里散发出来，所以冰箱外壳总是热乎乎的。

问题 QUESTION

nǐ zhī dào zěn yàng cái néng yòng lán
你知道怎样才能用蓝
bǐ xiě chū hóng zì lái ma
笔写出红字来吗？

十万个为什么

wèi shén me wǎng méi qiú lú li shān fēng huǒ huì gèng wàng
为什么往煤球炉里扇风火会更旺？

答案 ANSWER

xiě gè hóng zì
写个“红”字。

méi qiú rán shāo xū yào yǎng qì de bāng zhù shān fēng kě yǐ shǐ lú
煤球燃烧需要氧气的帮助，扇风可以使炉

zi nèi yǎng qì gèng chōng zú
子内氧气更充足。

问题 QUESTION

rén néng dēng shàng zhū mù lǎng mǎ fēng, kě yǒu yí gè dì fang què yǒng yuǎn yě dēng bu shàng. shì shén me dì fang ne

人能登上珠穆朗玛峰，可有一个地方却永远也登不上。是什么地方呢？

十万个为什么

wèi shén me zài yán rè de xià tiān, zì xíng chē bǐ jiào róng yì bào tāi

为什么在炎热的夏天，自行车比较容易爆胎？

答案 ANSWER

zì jǐ de tóu dǐng
自己的头顶。

xià tiān wēn dù tài gāo kōng qì péng zhàng le tǐ jī biàn dà
夏天，温度太高，空气膨胀了，体积变大，
jiù huì bǎ chē tāi jǐ pò
就会把车胎挤破。

问题

QUESTION

yì míng shì zhě gěi yí wèi shēn shì
一名侍者给一位绅士

shàng hóng jiǔ, yì zhī cāng ying diào jìn le
上红酒，一只苍蝇掉进了

bēi zi lǐ miàn, shì zhě hé shēn shì dōu kàn
杯子里面，侍者和绅士都看

jiàn le. nǐ zhī dào shéi zuì dǎo méi ma
见了。你知道谁最倒霉吗？

十万个为什么

yī fu shang zhān le yóu, yǒu bàn fǎ qù diào ma
衣服上沾了油，有办法去掉吗？

答案 ANSWER

cāng ying
苍蝇。

qì yóu néng hěn hǎo de róng jiě yóu zhī lèi wù zhì cǐ wài sì lǜ huà tàn yǐ suān yǐ zhǐ děng huà xué róng jì yě néng hěn hǎo de róng jiě yóu zhī

汽油能很好地溶解油脂类物质。此外，四氯化碳、乙酸、乙酯等化学溶剂也能很好地溶解油脂。

问题 QUESTION

dà huī láng tuō zǒu le yáng mā ma
大灰狼拖走了羊妈妈，
kě xiǎo yáng què bù shēng bù xiǎng de gēn le
可小羊却不声不响地跟了
qù wèi shén me ne
去。为什么呢？

十万个为什么

wèi shén me féi zào néng shǐ zāng yī fu biàn gān jìng
为什么肥皂能使脏衣服变干净？

答案 ANSWER

yīn wèi xiǎo yáng zài mā ma de dù zi li
因为小羊在妈妈的肚子里。

féi zào li yǒu chéng qiān shàng wàn gè xì xiǎo fēn zǐ, zhè xiē fēn zǐ de tóu xǐ huan shuǐ, wěi ba xǐ huan wū gòu, fēn zǐ de tóu bǎ zhān yǒu wū gòu de wěi ba dài jìn shuǐ zhōng, yī fu jiù gān jìng le.
肥皂里有成千上万个细小分子，这些分子的头喜欢水，尾巴喜欢污垢，分子的头把沾有污垢的尾巴带进水中，衣服就干净了。

问题 QUESTION

一个老奶奶在院子里乘凉，有一只蚊子咬她，她没用手没用脚，也没用杀虫剂，就把蚊子杀死了。她是怎么做到的？

十万个为什么

绿色食品是指绿颜色的食品吗？

答案 ANSWER

yòng zhòu wén jiā sǐ de
用皱纹夹死的。

lù sè shí pǐn zhǐ jìn liàng bù shǐ yòng huà féi nóng yào hé qí tā huà xué wù zhì ér shēng chǎn chū lái de ān quán wú wū rǎn de shí pǐn
绿色食品指尽量不使用化肥、农药和其他化学物质而生产出来的安全无污染的食品。

问题 QUESTION

shén me bǐ sài shū de yì fāng néng dé dào jiǎng pǐn ér yíng de yì fāng què dé bú dào jiǎng pǐn ne

什么比赛输的一方能得到“奖品”，而赢的一方却得不到“奖品”呢？

十万个为什么

zěn yàng chú diào shuǐ hú li de shuǐ gòu

怎样除掉水壶里的水垢？

答案 ANSWER

hē jiǔ huá quán de shí hou
喝酒划拳的时候。

shuǐ hú li yǒu le shuǐ gòu hòu kě yǐ yòng mù tàn huī yá gāo
水壶里有了水垢后，可以用木炭灰、牙膏
děng cā xǐ mù tàn huī hé yá gāo zhōng de wù zhì huì yǔ kuàng wù zhì
等擦洗。木炭灰和牙膏中的物质会与矿物质
fā shēng huà xué fǎn yìng shǐ shuǐ gòu róng jiě
发生化学反应，使水垢溶解。

问题

shū shu sòng gěi xiǎo dí yí fèn shēng rì lǐ wù, xiǎo dí yì jiǎo bǎ lǐ wù tī de hǎo yuǎn, shū shu què shuō tī de hǎo. wèi shén me ne?

叔叔送给小迪一份生日礼物，小迪一脚把礼物踢得好远，叔叔却说踢得好。为什么呢？

十万个为什么

rén wèi shén me bù néng zhí jiē yǐn yòng hǎi shuǐ?

人为什么不能直接饮用海水？

答案 ANSWER

yīn wèi shū shu sòng de lǐ wù shì
因为叔叔送的礼物是
zú qiú
足球。

hǎi shuǐ zhōng hán yǒu guò duō de yán fèn hé kuàng wù zhì zhè xiē
海水中含有过多的盐分和矿物质，这些
dōng xi huì dǎo zhì rén tǐ tuō shuǐ ér yán zhòng tuō shuǐ huì yǐn qǐ sǐ wáng
东西会导致人体脱水，而严重脱水会引起死亡。

问题

ā dāi de yì jǔ yí dòng dōu lí
阿呆的一举一动都离
bu kāi shéng zi wèi shén me ne
不开绳子，为什么呢？

十万个为什么

dāng wǒ men de yǎn jing pí láo shí kàn nǎ zhǒng yán sè huì
当我们的眼睛疲劳时，看哪种颜色会
duì yǎn jing bǐ jiào hǎo
对眼睛比较好？

答案 ANSWER

yīn wèi ā dāi shì gè xiàn ǒu
因为阿呆是个线偶。

lǜ sè tā bù jǐn gěi rén dài lái píng jìng hé liáng yì hái kě
绿色。它不仅给人带来平静和凉意，还可
yǐ xī shōu qiáng guāng zhōng duì yǎn jing yǒu hài de bù fen cóng ér bǎo hù
以吸收强光中对眼睛有害的部分，从而保护
wǒ men de yǎn jing
我们的眼睛。

问题 QUESTION

nǐ zhī dào tài píng yáng de zhōng jiān
你知道太平洋的中间

shì shén me ma
是什么吗？

十万个为什么

wèi shén me xǐ shǒu yào yòng féi zào
为什么洗手要用肥皂？

答案 ANSWER

shì píng zì
是“平”字。

dāng shǒu hěn zāng de shí hou shǒu shang zhān mǎn le wū gòu yòng qīng shuǐ hěn nán jiāng wū gòu qīng chú ér féi zào zhōng hán yǒu jiǎn xìng wù zhì kě yǐ chú jūn qù diào yóu wū yǒu de féi zào hái jù yǒu xiāo dú shā jūn de zuò yòng
当手很脏的时候，手上沾满了污垢，用清水很难将污垢清除。而肥皂中含有碱性物质，可以除菌、去掉油污，有的肥皂还具有消毒、杀菌的作用。

问题 QUESTION

bú pò shí rén men zǒng shì fàn chóu
不破时人们总是犯愁，
pò le rén men jiù gāo xìng zhè shì shén
破了人们就高兴。这是什
me ne
么呢？

十万个为什么

dù zi hěn è de shí hou wèi shén me huì fā chū gū
肚子很饿的时候，为什么会发出“咕
gū de shēng yīn
咕”的声音？

答案 ANSWER

àn zi
案子。

hěn è de shí hou wèi de shōu suō dá dào le fēi cháng qiáng liè de dì bù huì shǐ de wèi nèi yè tǐ hé tūn yàn xià qù de qì tǐ bù dé ān níng jié guǒ jiù huì fā chū gū gū de shēng yīn
很饿的时候，胃的收缩达到了非常强烈的地步，会使得胃内液体和吞咽下去的气体不得安宁，结果就会发出“咕咕”的声音。

问题 QUESTION

wèi shén me xiàn zài de rén yuè lái
为什么现在的人越来

yuè yán ér wú xìn
越"言而无信"?

十万个为什么

xiǎo hái zi wèi shén me bù néng hē jiǔ
小孩子为什么不能喝酒?

答案 ANSWER

yīn wèi dǎ diàn huà bǐ xiě xìn gèng fāng biàn
因为打电话比写信更方便。

xiǎo hái hē jiǔ hěn róng yì dǎo zhì tóu yūn、yǎn huā，shèn zhì yǐng xiǎng zhì lì de fā zhǎn。yīn wèi jiǔ zhōng hán yǒu jiǔ jīng chéng fèn，jiǔ jīng duì rén tǐ yǒu hài，duì xiǎo hái de jiàn kāng、fā yù hěn bù hǎo。
小孩喝酒很容易导致头晕、眼花，甚至影响智力的发展。因为酒中含有酒精成分，酒精对人体有害，对小孩的健康、发育很不好。

问题 QUESTION

yí duì jiàn kāng de fū fù shēng
一对健康的夫妇，生
le sān gè hái zi kě zhè sān gè hái
了三个孩子，可这三个孩
zi dōu zhǐ yǒu yì zhī yòu shǒu wèi shén
子都只有一只右手。为什
me ne
么呢？

十万个为什么

wèi shén me bù néng kōu dù qí yǎn wán
为什么不能抠肚脐眼玩？

答案 ANSWER

yīn wèi měi gè rén dōu zhǐ yǒu yì
因为每个人都只有一

zhī yòu shǒu hé yì zhī zuǒ shǒu
只右手和一只左手。

dù qí zhōu wéi de pí fū hěn jiāo nèn tè bié róng yì bèi kōu pò
肚脐周围的皮肤很娇嫩，特别容易被抠破。
rú guǒ kōu pò le dù qí huì gǎn rǎn shàng rén shǒu shang de xì jūn yǐn
如果抠破了，肚脐会感染上人手上的细菌，引
qǐ dù qí yán yán zhòng shí hái kě néng yǐn qǐ fù mó yán ne
起肚脐炎，严重时还可能引起腹膜炎呢。

问题 QUESTION

shén me shuǐ yào àn jì huà fā fàng ne
什么水要按计划发放呢？

十万个为什么

wèi shén me bù néng shǔn xī shǒu zhǐ tou
为什么不能吮吸手指头？

答案 ANSWER

xīn shui
薪水。

zhǐ jia fèng li hěn róng yì xié dài xì jūn huī chén děng rú guǒ
指甲缝里很容易携带细菌、灰尘等，如果
shǔn xī shǒu zhǐ jiù huì bǎ zāng dōng xi chī jìn dù zi yǐn fā jí bìng
吮吸手指，就会把脏东西吃进肚子，引发疾病。
suǒ yǐ bú yào yǎng chéng shǔn xī shǒu zhǐ de huài xí guàn
所以不要养成吮吸手指的坏习惯。

问题 QUESTION

yì tóu gōng niú hé yì tóu mǔ niú zài yì qǐ, cāi sān gè zì。shì shén me ne?

一头公牛和一头母牛在一起，猜三个字。是什么呢？

十万个为什么

dǎ gé shí wèi shén me bú yào hē shuǐ?

打嗝时为什么不要喝水？

答案 ANSWER

liǎng tóu niú
两头牛。

dǎ gé shí bú duàn yǒu kōng qì cóng qì guǎn jìn chū qì guǎn de shàng
打嗝时不断有空气从气管进出，气管的上
kǒu yì zhí shì kāi zhe de zhè shí hou hē shuǐ shuǐ hěn róng yì jìn rù
口一直是开着的。这时候喝水，水很容易进入
qì guǎn shǐ ké sou jiā jù chū xiàn hū xī kùn nan de qíng kuàng
气管，使咳嗽加剧，出现呼吸困难的情况。

问题 QUESTION

nǐ zhī dào tiān cái dōu shì zěn yàng
你知道天才都是怎样

jìn rù zhī míng xué fǔ de ma
进入知名学府的吗？

十万个为什么

wèi shén me qīng shào nián róng yì tuó bèi
为什么青少年容易驼背？

答案 ANSWER

cóng dà mén jìn rù
从大门进入。

qīng shào nián zhèng chǔ yú shēn tǐ de shēng zhǎng fā yù qī gǔ gé
青少年正处于身体的生长发育期，骨骼
méi yǒu dìng xíng jù yǒu jí dà de kě sù xìng rú guǒ bú zhù yì zhèng què de
没有定型，具有极大的可塑性。如果不注意正确的
zuò zī hé xíng zǒu zī shì jiù kě néng xíng chéng tuó bèi zhǎng dà hòu hěn nán
坐姿和行走姿势，就可能形成驼背，长大后很难
gǎi biàn zhè zhǒng qíng kuàng
改变这种情况。

问题 QUESTION

shī bài shì chéng gōng zhī mǔ, nà
失败是成功之母，那

chéng gōng shì shī bài de shén me
成功是失败的什么？

十万个为什么

wèi shén me yòng shǒu kōu bí zi shì yǒu hài jiàn kāng de
为什么用手抠鼻子是有害健康的？

答案 ANSWER

fǎn yì cí
反义词。

rén de bí qiāng li yǒu hěn duō máo xì xuè guǎn yòng shǒu kōu hěn róng yì sǔn shāng máo xì xuè guǎn cǐ wài shǒu shang de xì jūn yě huì chèn jī gǎn rǎn shòu shāng bù wèi shǐ bí zi fā yán
人的鼻腔里有很多毛细血管，用手抠很容易损伤毛细血管。此外，手上的细菌也会趁机感染受伤部位，使鼻子发炎。

问题 QUESTION

rén shén me shí hou lí tài yáng zuì jìn
人什么时候离太阳最近？

十万个为什么

wèi shén me yǒu xiē rén shuì jiào shí huì mó yá
为什么有些人睡觉时会磨牙？

答案 ANSWER

写“太阳”二字时。

如果肠胃里有寄生虫，睡觉时受到某种刺激，就可能产生条件反射而磨牙。白天兴奋过度，神经受到了过分的刺激，晚上也会磨牙。

问题 QUESTION

shì jiè shang xiān yǒu nán rén, hái

世界上先有男人，还

shi xiān yǒu nǚ rén? wèi shén me?

是先有女人？为什么？

十万个为什么

rén zài zǒu lù shí, shǒu hé jiǎo wèi shén me zǒng shì cuò kāi bǎi dòng?

人在走路时，手和脚为什么总是错开摆动？

答案 ANSWER

xiān yǒu nán rén yīn wèi nán rén
先有男人，因为男人
dōu jiào xiān sheng
都叫“先生”。

zhè shì wèi le bǎo chí shēn tǐ zhòng xīn de píng héng fǒu zé jiù huì
这是为了保持身体重心的平衡，否则就会
zǒu bu wěn lù tóng shí zhè yě hé shēng huó xí xìng yǒu guān
走不稳路，同时这也和生活习性有关。

问题 QUESTION

máo lì li zài jiā li, hé shéi
毛利利在家里，和谁
zhǎng de zuì xiàng
长得最像？

十万个为什么

rén měi tiān de shuì mián shí jiān hé nián líng yǒu guān xì ma
人每天的睡眠时间和年龄有关系吗？

答案 ANSWER

jìng zhōng de máo lì li
镜中的毛利利。

yǒu guān xì nián líng yuè dà shuì mián shí jiān yuè shǎo yīn wèi yīng
有关系。年龄越大睡眠时间越少。因为婴
ér de nǎo lì tǐ lì huó dòng shí fēn huó yuè xū yào dà liàng shuì mián
儿的脑力、体力活动十分活跃，需要大量睡眠。
lǎo rén de huó dòng jiǎn shǎo měi tiān zhǐ shuì sì wǔ gè xiǎo shí jiù gòu le
老人的活动减少，每天只睡四五个小时就够了。

问题 QUESTION

lǎo shī jiào xiǎo péng yǒu huà yì zhī
老师叫小朋友画一只

xiǎo niǎo dàn fán fan què jiāo le zhāng bái zhǐ
小鸟，但凡凡却交了张白纸，

tā duì lǎo shī shuō le yí jù huà lǎo shī
他对老师说了一句话，老师

jiù xiào le tā shuō le jù shén me huà
就笑了。他说了句什么话？

十万个为什么

wèi shén me yào tuō yī fu shuì jiào
为什么要脱衣服睡觉？

答案 ANSWER

fán fan shuō wǒ huà de xiǎo niǎo
凡凡说:“我画的小鸟
fēi zǒu la
飞走啦!”

wǎn shang shuì jiào shí tuō diào yī fu néng shǐ shēn tǐ dé dào fàng
晚上睡觉时脱掉衣服,能使身体得到放
sōng yǒu lì yú xiāo chú pí láo huī fù tǐ lì suǒ yǐ chuān róu ruǎn
松,有利于消除疲劳,恢复体力。所以,穿柔软
de bèi xīn hé kuān sōng de duǎn kù shuì jiào bǐ jiào hǎo
的背心和宽松的短裤睡觉比较好。

问题 QUESTION

xiǎo lǐ chēng zàn nǚ péng you de xīn
小李称赞女朋友的新

yī fu shí fēn piào liang dàn què bèi
衣服“十分漂亮”，但却被

nǚ péng you mà le yí dùn wèi shén me
女朋友骂了一顿。为什么？

十万个为什么

wèi shén me chuī fēng huì shǐ rén gǎn dào lěng
为什么吹风会使人感到冷？

答案 ANSWER

yīn wèi mǎn fēn shì yì bǎi fēn
因为满分是一百分。

rén de tǐ wēn bǐ fēng de wēn dù gāo dāng fēng chuī guò lái shí
人的体温比风的温度高，当风吹过来时，
rén tǐ de rè liàng bèi lěng fēng dài zǒu zì rán jiù jué de lěng le
人体的热量被冷风带走，自然就觉得冷了。

问题 QUESTION

yí gè rén zài tài yáng xià zǒu lù
一个人在太阳下走路

què kàn bu jiàn zì jǐ de yǐng zi, wèi
却看不见自己的影子，为

shén me
什么？

十万个为什么

chī nán guā duì shēn tǐ yǒu shén me hǎo chu
吃南瓜对身体有什么好处？

答案 ANSWER

yīn wèi tā chēng le yì bǎ sǎn
因为他撑了一把伞。

nán guā fù hán wéi shēng sù hé guǒ jiāo yǒu jiě dú de zuò yòng
南瓜富含维生素和果胶，有解毒的作用，
nán guā hái néng bāng zhù xiāo huà cù jìn shēn tǐ fā yù cǐ wài nán
南瓜还能帮助消化，促进身体发育。此外，南
guā hái néng fáng ái
瓜还能防癌。

问题 QUESTION

méi yóu qì yóu zhū yóu dōu néng
煤油、汽油、猪油都能
rán shāo shén me yóu bù néng rán shāo
燃烧，什么油不能燃烧？

十万个为什么

wèi shén me duō chī yú yǒu zhù yú tí gāo ér tóng zhì lì
为什么多吃鱼有助于提高儿童智力？

答案 ANSWER

jiàng yóu
酱油。

yú ròu de dàn bái zhì hán liàng gāo zhì liàng hǎo róng yì xī shōu
鱼肉的蛋白质含量高、质量好，容易吸收，
zuì zhòng yào de shì yú ròu li hán yǒu lín néng bāng zhù dà nǎo fā yù
最重要的是，鱼肉里含有磷，能帮助大脑发育。

问题 QUESTION

dū du shuō tā yí cì kě yǐ fàng shí wàn gè fēng zheng, tā bìng méi yǒu chuī niú. nǐ zhī dào tā shì zěn me fàng de ma?

嘟嘟说他一次可以放十万个风筝，他并没有吹牛。你知道他是怎么放的吗？

十万个为什么

wèi shén me zhōng yào yào páo zhì áo zhǔ hòu fú yòng

为什么中药要炮制熬煮后服用？

答案 ANSWER

zài fēng zheng shang xiě shàng shí wàn gè
在风筝上写上“十万个”。

yīn wèi zài zhōng yào zhōng bù fen yào wù hán yǒu dú sù róng yì yǐn qǐ zhòng dú fǎn yìng suǒ yǐ zhè xiē yào wù bù néng zhí jiē shí yòng bì xū jīng guò páo zhì hòu cái néng gōng yào yòng bìng qiě yòng liàng shì yǒu xiàn de
因为在中药中，部分药物含有毒素，容易引起中毒反应，所以这些药物不能直接食用，必须经过炮制后才能供药用，并且用量是有限的。

问题 QUESTION

dǎ gǒu kàn zhǔ rén， dǎ hǔ kàn shén me
打狗看主人，打虎看什么？

十万个为什么

yuè qiú shang de huán xíng shān shì zěn me xíng chéng de
月球上的环形山是怎么形成的？

答案 ANSWER

kàn nǐ yǒu méi yǒu dǎn
看你有没有“胆”。

tài kōng zhōng de yǔn shí zhuàng jī yuè qiú suǒ chǎn shēng de wù zhì duī
太空中的陨石撞击月球所产生的物质堆
jī chéng le huán xíng shān lìng wài yuè qiú shang jīng cháng yǒu huǒ shān
积成了环形山，另外，月球上经常有火山
bào fā yě shì huán xíng shān xíng chéng de zhòng yào yīn sù
爆发，也是环形山形成的重要因素。

问题 QUESTION

yǒu gè rén de tóu bèi cóng jǐ qiān
有个人的头被从几千
mǐ gāo kōng diào xià lái de dōng xi zá zhòng
米高空掉下来的东西砸中
le què méi yǒu shòu shāng wèi shén me
了，却没有受伤。为什么？

十万个为什么

wèi shén me shuō yuè liang lí wǒ men yuè lái yuè yuǎn
为什么说月亮离我们越来越远？

答案 ANSWER

zá xià lái de shì yǔ diǎn
砸下来的是雨点。

yuè liang zài suí zhe dì qiú zì zhuàn de tóng shí yě zài zhú jiàn yuǎn
月亮在随着地球自转的同时，也在逐渐远

lí dì qiú píng jūn yì nián yào yuǎn lí dì qiú jǐ lí mǐ
离地球，平均一年要远离地球几厘米。

问题 QUESTION

qī mò kǎo shì, lóng long yì lián liù kē dōu shì líng fēn, zhè diǎn kě yǐ zhèng míng nǎ jiàn shì?

期末考试，龙龙一连六科都是零分，这点可以证明哪件事？

十万个为什么

dì qiú de dà qì céng yǒu shén me hǎo chu

地球的大气层有什么好处？

答案 ANSWER

tā jué duì méi yǒu zuò bì
他绝对没有作弊！

dà qì céng jiù xiāng dāng yú dì qiú de fáng dàn yī tā néng bǎo zhèng yǎng qì bù pǎo dào tài kōng qù néng zǔ dǎng yán rè de tài yáng hái néng dǎng zhù zǐ wài xiàn
大气层就相当于地球的防弹衣：它能保证氧气不跑到太空去，能阻挡炎热的太阳，还能挡住紫外线。

问题 QUESTION

zài shén me qíng kuàng xià， nǐ zuì
在什么情况下，你最
hǎo gāo tái guì shǒu？
好高抬贵手？

十万个为什么

wèi shén me dǎ léi shí rén men zǒng shì xiān kàn dào shǎn diàn
为什么打雷时人们总是先看到闪电，
zài tīng dào léi shēng
再听到雷声？

答案 ANSWER

bié ren yòng qiāng zhǐ zhe nǐ de shí

别人用枪指着你的时

hou

候。

dǎ léi shì yóu yú kōng zhōng liǎng dà yún tuán xiāng zhuàng tóng shí fā

打雷是由于空中两大云团相撞，同时发

chū liàng guāng hé shēng yīn dàn shì guāng de sù dù bǐ shēng yīn de sù

出亮光和声音。但是光的速度比声音的速

dù kuài wǒ men biàn xiān kàn dào le shǎn diàn

度快，我们便先看到了闪电。

问题 QUESTION

wèi shén me pàng rén bǐ shòu rén pà rè
为什么胖人比瘦人怕热？

十万个为什么

wèi shén me yǔ diǎn yǒu dà yǒu xiǎo
为什么雨点有大有小？

答案 ANSWER

shài de miàn jī dà
晒的面积大。

zhè shì yóu kōng qì zhōng shuǐ qì hán liàng de duō shǎo hé yún zhōng chuí
这是由空气中水汽含量的多少和云中垂
zhí yùn dòng shì fǒu qiáng liè jué dìng de　shuǐ qì hán liàng yuè duō　chuí zhí
直运动是否强烈决定的。水汽含量越多，垂直
yùn dòng yuè qiáng　yǔ diǎn jiù yuè dà　fǎn zhī　yǔ diǎn yuè xiǎo
运动越强，雨点就越大。反之，雨点越小。

问题 QUESTION

zuò shén me hǎo shì, yí gè rén
做什么好事，一个人
yì shēng zhǐ néng zuò yí cì
一生只能做一次？

十万个为什么

wèi shén me xià yǔ qián qiáng bì huì chū hàn
为什么下雨前 墙壁会“出汗”？

答案 ANSWER

shě mìng jiù rén
舍命救人。

xià yǔ qián kōng qì zhōng zǒng shì yǒu hěn duō shuǐ qì shuǐ qì yù
下雨前，空气中总是有很多水汽。水汽遇
dào bīng lěng de qiáng bì níng jié chéng dà dī yǔ shuǐ shǐ qiáng bì kàn qǐ
到冰冷的墙壁，凝结成大滴雨水，使墙壁看起
lái xiàng zài chū hàn
来像在出汗。

问题

QUESTION

gàn shén me shì er xū yǐ shēn zuò zé
干什么事儿需以身作则？

十万个为什么

chì dào shì shì jiè shang zuì rè de dì fang ma
赤道是世界上最热的地方吗？

答案 ANSWER

liáng tǐ cái yī
量体裁衣。

bú shì shì jiè shang zuì rè de dì fang zài shā mò wēn dù kě gāo dá ér chì dào wēn dù hěn shǎo chāo guò
不是。世界上最热的地方在沙漠，温度可高达60℃~80℃，而赤道温度很少超过35℃。

问题 QUESTION

zhū de shé tou hé wěi ba shén me
猪的舌头和尾巴什么
shí hou kě yǐ pèng zài yì qǐ
时候可以碰在一起？

十万个为什么

wèi shén me huǒ yàn shān xiàng rán shāo zhe de liè huǒ
为什么火焰山像燃烧着的烈火？

答案 ANSWER

cài pán li
菜盘里。

huǒ yàn shān wèi yú tǔ lǔ fān pén dì yóu hóng sè de shā hé yán
火焰山位于吐鲁番盆地，由红色的砂和岩
shí zǔ chéng shèng xià zài liè rì zhào yào xià qì wēn qí gāo hóng
石组成。盛夏，在烈日照耀下，气温奇高，红
guāng shǎn yào jiù xiàng liè huǒ yí yàng
光闪耀，就像烈火一样。

问题 QUESTION

xiǎo líng mǎi le yí liàng quán xīn de
小玲买了一辆全新的
pǎo chē què bù néng kāi shàng mǎ lù， zhè
跑车却不能开上马路，这
shì wèi shén me
是为什么？

十万个为什么

nǐ zhī dào hé liú cóng nǎ lǐ lái ma
你知道河流从哪里来吗？

答案 ANSWER

zhè shì liàng wán jù pǎo chē
这是辆玩具跑车。

jiāng hé zhōng de shuǐ lái zì yǔ shuǐ hú shuǐ xī shuǐ hái yǒu bīng
江河中的水来自雨水、湖水、溪水，还有冰
xuě róng huà de shuǐ hé liú de fā yuán dì yì bān dōu zài chóng shān jùn
雪融化的水，河流的发源地一般都在崇山峻
lǐng zhōng
岭中。

问题 QUESTION

shén me jiào zuò huǎn bīng zhī jì
什么叫做“缓兵之计”？

十万个为什么

pù bù chú le gōng rén guān shǎng wài hái yǒu qí tā de jià zhí ma
瀑布除了供人观赏外，还有其他的价值吗？

答案 ANSWER

gǎi tiān zài gào su nǐ
改天再告诉你。

tā zài gōng nóng yè shang de lì yòng jià zhí kě gāo la rú lì yòng pù bù de luò chā kě yǐ chǎn shēng dòng lì yòng lái fā diàn kāi dòng jī qì niǎn mǐ mò miàn děng

它在工农业上的利用价值可高啦，如：利用瀑布的落差可以产生动力，用来发电、开动机器碾米、磨面等。

问题 QUESTION

shén me shí hou néng kàn dào gèng duō
什么时候能看到更多
de xīng xing
的星星？

十万个为什么

méi shì zěn me xíng chéng de
煤是怎么形成的？

答案 ANSWER

yǎn mào jīn xīng
眼冒金星。

hěn jiǔ yǐ qián dì qiú shang dào chù shēng zhǎng zhe jù dà de shù mù
很久以前，地球上到处生长着巨大的树木，
hòu lái yóu yú dì qiào yùn dòng zhè xiē shù mù bèi mái zài le dì xià hěn duō
后来由于地壳运动，这些树木被埋在了地下，很多
nián yǐ hòu jiù xíng chéng le méi
年以后，就形成了煤。

问题

QUESTION

bà ba wèn xiǎo nán shén me dōng xi hún shēn zhǎng mǎn piào liang de yǔ máo yòu měi tiān zǎo chen jiào nǐ qǐ chuáng xiǎo nán cāi duì le dàn què bú shì jī

爸爸问小楠，什么东西浑身长满漂亮的羽毛，又每天早晨叫你起床？小楠猜对了，但却不是鸡。

nà shì shén me

那是什么？

十万个为什么

wèi shén me yǒu de quán shuǐ xū yào dà shēng hǎn cái huì liú chū lái

为什么有的泉水需要大声喊才会流出来？

答案 ANSWER

jī máo dǎn zi
鸡毛掸子。

zhè zhǒng quán jiào hǎn shuǐ quán tā de dì zhì jié gòu zhōng yǒu
这种泉叫“喊水泉”，它的地质结构中有
xǔ duō máo xì xuè guǎn dāng quán de zhōu wéi yǒu shēng yīn shí tā jiù
许多“毛细血管”，当泉的周围有声音时，它就
huì shòu dào zhèn dòng ér wǎng wài liú shuǐ
会受到振动而往外流水。

问题 QUESTION

jì rèn shi zì rán yòu néng suí biàn
既认识自然又能随便
gǎi zào zì rán de rén shì shéi
改造自然的人是谁？

十万个为什么

lā sà wèi shén me bèi chēng wéi rì guāng chéng
拉萨为什么被称为“日光城”？

答案 ANSWER

huà jiā
画家。

yóu yú lā sà quán nián jiē shòu yáng guāng zhào shè duō bìng qiě tā
由于拉萨全年接受阳光照射多，并且它
de hǎi bá gāo kōng qì xī bó shǐ dà qì kàn qǐ lái chún jìng tòu míng
的海拔高，空气稀薄，使大气看起来纯净，透明
dù shí fēn hǎo suǒ yǐ rén men chēng tā wéi rì guāng chéng
度十分好，所以人们称它为“日光城”。

问题 QUESTION

shén me niú jīng cháng kàn zì jǐ de jiǎo
什么牛经常看自己的角？

十万个为什么

xī zàng de wǔ cǎi hú wèi shén me tóng shí yǒu wǔ zhǒng yán sè
西藏的五彩湖为什么同时有五种颜色？

答案 ANSWER

xī niú
犀牛。

xī zàng qì hòu shī rè dì biǎo de hóng sè tǔ bǎ hú shuǐ yìng chéng
西藏气候湿热，地表的红色土把湖水映成
hóng sè dāng qiáng fēng chuī lái huáng tǔ hú shuǐ yìng chéng huáng sè yīn
红色；当强风吹来黄土，湖水映成黄色；因
wèi gān hàn tǔ céng biàn bái hú shuǐ bèi yìng chéng bái sè hòu yóu yú yáng
为干旱，土层变白，湖水被映成白色；后由于阳
guāng sǎn shè yòu xíng chéng lǜ sè hé lán sè
光散射，又形成绿色和蓝色。

问题

mǒu bǎi huò gōng sī zāo xiǎo tōu
某百货公司遭小偷，
jǐng chá lì kè fēng suǒ le suǒ yǒu de chū
警察立刻封锁了所有的出
kǒu dàn wèi shén me xiǎo tōu hái shì táo
口，但为什么小偷还是逃
le chū qù
了出去？

十万个为什么

shā mò li de lǜ zhōu wèi shén me huì xiāo shī
沙漠里的绿洲为什么会消失？

答案 ANSWER

xiǎo tōu shì cóng rù kǒu táo zǒu de
小偷是从入口逃走的。

gāo shān jī xuě zhú nián jiǎn shǎo lǜ zhōu méi yǒu chōng zú de shuǐ
高山积雪逐年减少，绿洲没有充足的水
yuán ér shā mò yòu zài rì yì kuò dà zuì zhōng shǐ lǜ zhōu xiāo shī
源，而沙漠又在日益扩大，最终使绿洲消失。

问题

zài shā mò zhōng zuì cháng jiàn de dōng
在沙漠中最常见的东
xi shì shén me
西是什么？

十万个为什么

wèi shén me měi guó bèi chēng wéi "lóng juǎn fēng zhī xiāng"
为什么美国被称为"龙卷风之乡"？

答案 ANSWER

shā zi
沙子。

měi guó shì shì jiè shang fā shēng lóng juǎn fēng zuì duō de guó jiā
美国是世界上发生龙卷风最多的国家，
píng jūn měi nián yào fā shēng yì liǎng qiān cì suǒ yǐ bèi chēng wéi lóng
平均每年要发生一两千次。所以被称为“龙
juǎn fēng zhī xiāng
卷风之乡”。

问题 QUESTION

jīn tiān zuò cāo shí lǎo shī wèn le
今天做操时，老师问了
yí gè wèn tí quán bān tóng xué méi rén
一个问题，全班同学没人
néng dá duì zhǐ yǒu xīng xing dá duì le
能答对，只有星星答对了。
zhè shì shén me wèn tí
这是什么问题？

十万个为什么

wèi shén me shuō zhōng guó rén shì yán huáng zǐ sūn
为什么说中国人是炎黄子孙？

答案 ANSWER

xīng xing nǐ zěn me yòu chí dào le

“星星，你怎么又迟到了？”

yán dì hé huáng dì fēn bié shì wǒ guó shàng gǔ shí qī liǎng dà bù luò de shǒu lǐng tā men tōng guò zhàn zhēng tǒng yī le zhěng gè zhōng yuán dì qū hòu rén jiù jiāng tā liǎ zūn wéi zhōnghuá mín zú de zǔ xiān zhōng guó rén jiù chēng wéi yán huáng zǐ sūn

炎帝和黄帝分别是我国上古时期两大部落的首领，他们通过战争，统一了整个中原地区。后人就将他俩尊为中华民族的祖先，中国人就称为炎黄子孙。

问题 QUESTION

yí gè shòu zi hé yí gè pàng zi
一个瘦子和一个胖子
yì qǐ tiào lóu shéi xiān dào dá dì miàn
一起跳楼，谁先到达地面？

十万个为什么

jī guāng wèi shén me néng duì fu huà xué wǔ qì
激光为什么能对付化学武器？

答案 ANSWER

wéi guān de qún zhòng
围观的群众。

jī guāng huì shǐ huà xué dú jì fā shēng guāng huà fǎn yìng jiāng yǒu dú wù zhì biàn wéi wú dú wù zhì
激光会使化学毒剂发生光化反应，将有毒物质变为无毒物质。

问题 QUESTION

yǒu yí gè rén méi yǒu dì zhèn tā
有一个人，没有地震他
què gǎn jué dì qiú zài dòng wèi shén me
却感觉地球在动。为什么？

十万个为什么

gāo sù gōng lù shang wèi shén me méi yǒu hěn cháng de zhí xiàn
高速公路上为什么没有很长的直线
lù duàn
路段？

答案 ANSWER

tā hē zuì jiǔ le
他喝醉酒了。

gāo sù lù shang shè zhì wān dào yǒu lì yú huǎn jiě sī jī pí láo
高速路上设置弯道，有利于缓解司机疲劳，
tí gāo zhù yì lì shǐ jiāo tōng gèng jiā ān quán
提高注意力，使交通更加安全。

问题 QUESTION

shén me shǐ bú chòu
什么屎不臭？

十万个为什么

wèi shén me tiě guǐ bù zhí jiē pū shè zài dì miàn shang
为什么铁轨不直接铺设在地面上？

答案 ANSWER

tiān shǐ
天使。

huǒ chē hěn zhòng bǎ tiě guǐ pū zài zhěn mù shang kě yǐ kuò dà
火车很重，把铁轨铺在枕木上可以扩大

jiē chù miàn jī jiǎn qīng dì miàn chéng shòu de zhòng lì bì miǎn dì miàn
接触面积，减轻地面承受的重力，避免地面

tā xiàn
塌陷。